はじめに

　このワークブックは，子どもたちの「望ましい食習慣の形成」を目的とした食育を進めるためのワークブックです。食育の評価を実践していくため，Plan-Do-Check-Act（PDCA）サイクルにそってまとめています。

　平成17（2005）年度，栄養教諭制度が始まりました。平成20（2008）年，小中学校の学習指導要領の改訂にともない，総則に「学校における食育の推進」が盛り込まれました。学校における食育の意義・重要性が認識され，その実施率は飛躍的に高まりました。しかし，「その効果ははっきりと目に見えているのか？」という問いに，現在，答えることができていません。

　この問題解決を図るため，日本健康教育学会栄養教育研究会では，平成25（2013）年度から「学校における食育の評価」をテーマに活動を行ってきました。この活動を通して，学校におけるさまざまな現状が見えてきました。たとえば，「全体計画は立てているが，その評価は行っていない」，「授業の後に評価はしているが，子どもの知識や態度の変化を見るレベルに留まっている」というものです。

　学校における食育の目的は，「望ましい食習慣の形成」です。一方，学校における食育の実質的な指導要領といえる『食に関する指導の手引－第一次改訂版－』（以下，『手引』）では，食に関する指導の目標として「食事の重要性」「心身の健康」「食品を選択する能力」「感謝の心」「社会性」「食文化」の6つをあげています[1]。いずれも知識の向上や態度の変容を目標としたものであり，食習慣の形成に関する目標ではありません。また，『手引』の評価指標の設定例でとりあげられた食習慣の形成に関する項目例は，「朝食摂取」の1つだけです。手引の目標や評価例としてあげられている項目の多くが，食育の取組に関するものであり，対象となる子どもの変化を評価する項目になっていないのです。

　当初，研究会の活動は，学校における食育の「評価」に視点を置いたものでした。しかし，活動を通して，研究会委員のみならず学習会に参加した誰もが「評価は目標設定，さらにはアセスメントから始まる」という，栄養教育マネジメントの根本をしっかり押さえておくことの重要性を痛感したのです。言い換えれば，PDCAサイクルのマネジメントにそって実践すれば，「学校における食育の推進」の効果を見せることができます。

　学校における食育を推進するためには，食育による効果を多くの人が理解できるよう目に見える形で評価を示していく必要があります。だからといって，評価のための食育実践になってはいけません。このワークブックに示した食習慣形成のモデルのように，食育は最終的には今の子どもたちの生涯にわたる生活の質の向上につながります。「給食残菜ゼロ」だけでなく，「給食時間が楽しい」といった生活の質も目標に入れた食育の計画，実践および評価が必要です。このワークブックが子どもたちの望ましい食習慣の形成と生活の質の向上につながる食育実践の手引となることを期待します。

2017年3月
日本健康教育学会栄養教育研究会

※このワークブックは，評価を考えた学校での食育のために，栄養教育研究会が発表した提案書から情報を厳選して作成しています。そのため，健康教育・ヘルスプロモーションにおける評価の用語を，一部あえて使っていません。また小学校の年間指導計画は，指導目標の設定を低・中・高学年の3つで提示しています（学年ごとにしていない）。さらに勉強したい方は，P27に掲載した文献などを参考にしてください。

1) 『食に関する指導の手引』は，その後，学習指導要領改訂を受け，2019年に『食に関する指導の手引－第二次改訂版－』が公表されました。『第二次改訂版』においては，食に関する目標を他教科等と同様に「資質・能力の三つの柱」で整理をし，『第一次改訂版』までの「食事の重要性」「心身の健康」「食品を選択する能力」「感謝の心」「社会性」「食文化」の6つの目標は，あらたに「食育の視点」として位置づけられています。（第2版発行にあたり追記、2022年4月）

学校における 食育の評価 実践ワークブック

『食に関する指導の手引-第二次改訂版-』(2019)発行に伴う
初版(2017)からの内容・ワークシート変更箇所のご案内

1 「到達目標」を「到達目標（重点目標）」にしました

P6 ❻ の「到達目標」の意味に青字部分を加えました。
【訂正後】
何をもって食育の目標が達成したといえるか，評価の対象となる目標。重点目標に該当する。到達目標の種類に「行動目標」と「結果目標」がある。

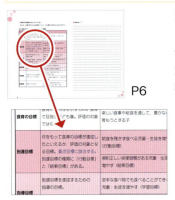
P6

※ワークシート1, 2, 4, 5, 8の「到達目標」の欄も「到達目標（重点目標）」にしました。

2 「食育の目標（食育で目指す児童・生徒像）」を「食に関わる資質・能力」の「三つの柱」で整理しました

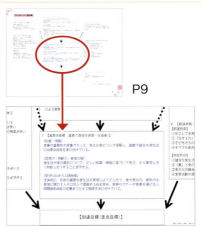
P9

【記入例】（P9,P10,P11,P18）

（知識・理解）
食事の重要性や栄養バランス，食文化等について理解し，健康で健全な食生活に必要な技能を身に付けている。

（思考力・判断力・表現力等）
食生活や食の選択について，正しい知識・情報に基づいて考え，自ら管理したり判断したりすることができる。

（学びに向かう人間性等）
主体的に，自他の健康な食生活を実現しようとしたり，食や食文化，食料の生産等に関わる人々に対して感謝する心を育み，食事のマナーや食事を通じた人間関係形成能力を養おうとする態度を身に付けている。

3 新しい「全体計画①」「全体計画②」の書式に合わせました

① P18 STEP5 手順3を青字のように変更しました。
【訂正後】
3. 到達目標（重点目標）を達成するために必要な「食育推進組織」「食に関する指導」「地場産物の活用」「家庭・地域との連携」を記入する。さらに，到達目標の達成を測る「成果指標」とこれらの活動を評価するための「活動指標」とを示す。評価基準もあわせて示すことで，共通認識を図ることができる。

P18

② P20 STEP6 を「全体計画②の作成」とあらため，手順を「ワークシート5で設定した各学年の指導目標と，ワークシート4で設定した実施目標にそって，ワークシート6を使って全体計画②を立てる」にしました。

P20

もくじ

Ⅰ. これだけは知っておきたい基礎知識 ……………………………………………………………… 4

Ⅱ. 実践 ― 評価を考えた食育計画の作成 ― ……………………………………………………… 7

PLAN	▶ STEP 1	食育の目標と学校教育目標や地域の食育推進計画等との関連の確認	8
	▶ STEP 2	食育の目標（食育で目指す児童・生徒像）の到達目標への置き換え	10
	▶ STEP 3	到達目標の実態把握と数値目標の設定	12
	▶ STEP 4	到達目標達成のための学習目標・環境目標，実施目標の設定	16
	▶ STEP 5	各学年の指導目標の設定（食育の全体計画①の作成）	18
	▶ STEP 6	全体計画②の作成	20
DO	▶ コラム	実施（DO）の中の評価について	22
CHECK	▶ STEP 7	実施目標の評価（CHECK）と評価に基づく改善（ACT）	22
& ACT	▶ STEP 8	到達目標と指導目標の評価（CHECK）と評価に基づく改善（ACT）	24
	▶ STEP 9	総合的評価（CHECK）と改善（ACT），食育実践の内容と評価の発信	26

Ⅲ. さらに勉強したい方のために ……………………………………………………………………… 27

付録　ワークシート一覧 ……………………………………………………………………………… 28

※ワークシートのWordデータ（.docx）/Excelデータ（.xlsx）は日本健康教育学会栄養教育研究会ホームページからダウンロードできます。　　　　　　　　　　　（http://nkkg.eiyo.ac.jp/cn49/eiyo.html）

I. これだけは知っておきたい基礎知識

1 学校における食育の目的 図1

学校における食育の目的は，子どもたちの**「望ましい食習慣の形成」**です。

学校における食育によって，子どもたちの知識やスキルは高まり，態度が変容します。そして，給食の場や家庭を通して望ましい食行動を実践し，くり返すことによって食生活における自己管理能力を養い，望ましい食習慣を身に付けます。生涯にわたる健全な心と身体，豊かな人間性は，望ましい食習慣によって育まれます（図1）。

図1 生涯教育と望ましい食習慣の獲得

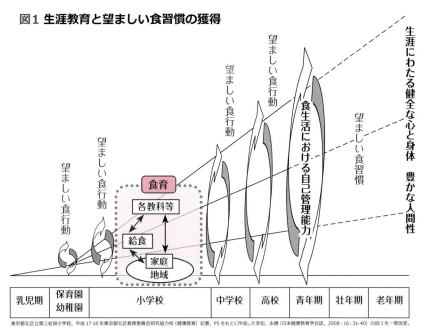

東京都北区立第三岩淵小学校，平成17・18年東京都北区教育委員会研究協力校（健康教育）紀要，P5をもとに作成した赤松，永橋（日本健康教育学会誌，2008：16：31-40）の図1を一部改変。

2 本ワークブックが基本とする考え方

健康教育・ヘルスプロモーションにおける評価を基本に，学校における学習の評価の考え方を取り入れています。

学校における学習の評価では，知識・スキル・態度といった学習目標の評価が中心となります。したがって，子どもたちの健康・栄養状態および生活の質（Quality of Life; QOL）の向上を目指した，望ましい食習慣を目的とした食育を進めるのであれば，健康教育・ヘルスプロモーションにおける評価の方法を基本に考える必要があります。このワークブックでは，ヘルスプロモーションで用いられる「プリシード・プロシードモデル」（P27参照）をベースに，学校における食育で使いやすいよう改変して，計画・実施・評価・改善の方法を解説しています。

3 学校における食育の進め方 図2

学校における食育は，**計画（Plan）-実施（Do）-評価（Check）-見直し・改善（Act）**のPlan-Do-Check-Act（PDCA）サイクルで進めます。このうち，計画（Plan）は評価を行う上で，きわめて重要です。計画では，計画を作成するためのアセスメントと，アセスメントに基づいた目標設定を行います。これらの作業が適切に行われなければ，評価を行うことができません。さらに，評価をその次の食育計画の見直し・改善（Act）に活用することも，子どもたちの望ましい食習慣の形成には，欠かせません。

図2 Plan-Do-Check-Act（PDCA）サイクル

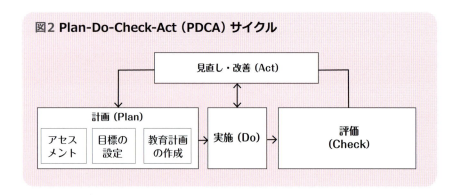

4 食習慣形成のモデル 図3

図3は，プリシード・プロシードモデルをベースに食育の実施から，食習慣の形成，健康・栄養状態，生活の質の向上のプロセスを示した食習慣形成のモデルです。

1) 学校における食育は，子どもたちの健康・栄養状態（成長を含む），さらには，生活の質の向上を目指して行われます。そのためには，子どもたちの食習慣の変容が必要です。
2) 学校における食育には，①子どもたちに働きかける「**教育的アプローチ**」と，②子どもたちを取り巻く環境（家庭，学校，地域など）に働きかける「**環境的アプローチ**」の**2つ**が含まれます。
3) **教育的アプローチ**では，子どもたちの食習慣の改善を期待し，子どもたちの知識やスキルを向上させ，態度を変容させることを目標とします。
4) **環境的アプローチ**では，子どもたちが望ましい食習慣をとりやすくするために，環境改善を目標にします。環境が改善されることで，子どもたちの知識・スキル・態度も変わります。

図3 食習慣形成のモデル

学校における食育 → 知識・スキル・態度（例：栄養や食事のとり方の理解，食文化の理解，食品選択能力，食事のマナー，食事の重要性，感謝の心，嗜好）

食習慣（栄養素レベル）（食品レベル）（料理レベル）（食事レベル）（食行動レベル）

環境（家庭，学校，地域，食環境）

健康・栄養状態

生活の質（QOL）（例：学力・体力・学校関連QOL*1・食関連QOL*2）

*1 学校関連QOL：「学校が好き・楽しい」といった学校生活における質
*2 食関連QOL：「食事が楽しい」といった食生活に関する質

5 食習慣形成のための目標と評価 表1

評価は，食習慣形成のモデルにそって考えると，「**計画実施**」「**指導目標**」「**到達目標**」の評価の3つの段階に分かれます。それぞれ評価の視点や評価の対象となる目標の種類が異なります。

表1 評価の段階と対象となる目標

評価の段階	計画実施の評価	指導目標の評価	到達目標の評価
評価の視点	計画通り実施されたか	指導目標は達成できたか	到達目標は達成できたか
評価の対象となる目標	●実施目標（学習目標や環境目標を達成するための取組目標）	●学習目標（食育によって向上（改善）する子どもたちの知識・スキル・態度の目標） ●環境目標（子どもたちの周囲を改善する目標）	●行動目標（子どもたちの食習慣の改善の目標） ●結果目標（子どもたちの健康・栄養状態の改善やQOL向上の目標）

Memo

6 押さえておきたいキーワード 表2

表2は，本書で扱われる各目標について，その意味や例をまとめたものです。

表2 押さえておきたいキーワードとその意味

キーワード	意味	例
食育の目標	食育の方向性を示すもの。食育で目指す子ども像。評価の対象ではない。	楽しい食事や給食を通して，豊かな心を育もうとする子
到達目標	何をもって食育の目標が達成したといえるか，評価の対象となる目標。重点目標に該当する。到達目標の種類に「行動目標」と「結果目標」がある。	給食を残さず食べる児童・生徒を増やす（行動目標）
		規則正しい排便習慣がある児童・生徒を増やす（結果目標）
指導目標	到達目標を達成するための指導の目標。指導目標の種類に「学習目標」と「環境目標」がある。	苦手な食べ物でも食べることができる児童・生徒を増やす（学習目標）
		児童・生徒の苦手な食べ物を食卓に出す家庭を増やす（環境目標）
実施目標	学習目標や環境目標を達成するための取組目標。	給食ができるまでの講話をする
		食育に関する保護者会を開催する
評価指標	目標をどのように評価する（測る）のか，その内容。	「最初に盛った給食を残さず食べる」と回答する児童・生徒
		「決まった時間に排便がある」と回答する児童・生徒
数値目標	数値を入れた目標。	「最初に盛った給食を残さず食べる」と回答する児童・生徒　80% → 90%

● Memo ●

Ⅱ. 実践 －評価を考えた食育計画の作成－

STEP 1 食育の目標と学校教育目標や地域の食育推進計画等との関連の確認

☞ 使用するワークシート：ワークシート1
☞ 参考文献：2 P155 図2-1

手順 ワークシート1を使って，対象とする学校の「食育の目標」を検討する。

1. 学校教育目標，目指す児童・生徒像，学校経営方針について，その概要を記入する。
2. 児童・生徒の**健康**に関する課題をあげる。既存のデータや観察をもとに，学校全体および学年別に，課題をあげる。
3. 児童・生徒の**生活習慣**について，課題をあげる。既存のデータや観察をもとに，学校全体および学年別に，課題をあげる。
4. 地域・家庭の特徴や課題をあげる。
5. 国の**教育**や**食育**に関する法規等の概要を記述する。
6. 県や市町村の**教育**や**食育**に関する計画の概要（または目標）を記述する。
7. 1〜6を踏まえ，学校の**食育の目標**をあげる。
   ※「食育の目標」とは，いわゆる「食育で目指す児童・生徒像」のことを指す。

チェックポイント

記入が終わったワークシート1を見ながら，次の事項を確認しましょう。

☐ 食育の目標（食育で目指す児童・生徒像）は，学校教育目標，目指す児童・生徒像，学校経営方針等に基づいているか（関係を説明できるか）

☐ 食育の目標（食育で目指す児童・生徒像）は，児童・生徒の健康や生活習慣の課題を反映させている内容であるか

☐ 食育の目標（食育で目指す児童・生徒像）は，地域・家庭に受け入れられやすい内容か（地域・家庭からも期待されている内容か）

☐ 食育の目標（食育で目指す児童・生徒像）は，都道府県・市区町村の教育や食育に関する計画に矛盾していないか。どの点が関連しているか

Memo

ワークシート1 記入例

1.【学校教育目標, 目指す児童生徒像, 学校経営方針 等】

【学校教育目標】
　健康で明るい子，思いやりのある子，よく考える子，最後までやりぬく子

【目指す児童像】
　21世紀をたくましく生きる人間性豊かな児童

【学校経営方針】
「健康な体」→食育の実践（好き嫌いをなくす，健康な体をつくる），運動推進月間の設定（体力を高める）
「豊かな心」→人とかかわる機会の設定（感謝の心・思いやりの心）
「確かな学力」→情報機器を活用，少人数指導やTT（ティームティーチング）による授業

2.【児童・生徒の健康に関する課題】
・保健室の来室数が多い
・朝から不定愁訴を訴える児童が多い
・痩身傾向児も多いが，肥満傾向児もいる
・よい姿勢を長時間保つことのできない児童が多い

3.【児童・生徒の生活習慣に関する課題】
・朝食を食べているが，内容や量に課題がある
・朝食を食べない児童もいる
・排便習慣がきちんとついていない児童がいる
・夕食を食べる時間や寝る時間が遅い児童が多い
・偏食のある児童が多く，給食では，野菜の残菜が多い
・準備や片付けに時間がかかる
・マナーを守れない児童が多い

4.【地域・家庭の特徴や課題】
・共働きが多い
・核家族が多い
・就学援助を受けている家庭が多い
・中学校受験のため，低学年から塾に通う子がいる
・マンションが新しく建った
・申請した児童は，放課後は校庭で遊ぶことができる

5.【国の教育や食育に関する法規】
○学校教育活動全体を通して総合的に食育を推進する
○あらゆる機会とあらゆる場所を活用して積極的に食育を推進する

6.【都道府県・市区町村の教育や食育に関する計画】

【都道府県】
①自立して未来に挑戦する態度の育成
②「生きる力」を育む教育の推進
③子どもたちの学びを支える仕組みの確立
④すべての県民が学ぶ生涯学習

【市区町村】
①健全な食生活の実践
②「農」と食の営みを支える活動の推進
③食文化の継承と創造
④食育活動の推進と連携体制の強化

7.【食育の目標（食育で目指す児童・生徒像）】

（知識・理解）
食事の重要性や栄養バランス，食文化等について理解し，健康で健全な食生活に必要な技能を身に付けている。

（思考力・判断力・表現力等）
食生活や食の選択について，正しい知識・情報に基づいて考え，自ら管理したり判断したりすることができる。

（学びに向かう人間性等）
主体的に，自他の健康な食生活を実現しようとしたり，食や食文化，食料の生産等に関わる人々に対して感謝する心を育み，事のマナーや食事を通じた人間関係形成能力を養おうとする態度を身に付けている。

【到達目標（重点目標）】

学校名
○○小学校
児童数300人，栄養教諭配置校，自校式

一般社団法人日本健康教育学会　栄養教育研究会

STEP 2 食育の目標（食育で目指す児童・生徒像）の到達目標への置き換え

☞ 使用するワークシート：ワークシート1, 2
☞ 参考文献：**2** P155 図2-1, P157 表2

手順 STEP 1で決めた食育の目標をワークシート2の左列に書いた上で，到達目標と評価指標を検討する。

1. 食育の目標（食育で目指す児童・生徒像）を**到達目標**に置き換える。
   到達目標として，**行動目標**を設定する。

   本ワークブックにおける到達目標の考え方
   到達目標には，健康や生活の質を目標とする結果目標を含んで考えても構いません。しかし，結果目標は習慣が改善された結果，達成されること，さらに学校における食育では，望ましい食習慣の形成を目指していることから，まずは行動目標の達成（すなわち，到達目標の達成）を確認する必要があります。その上で，結果目標の達成状況を評価する必要があります。よって，<u>本ワークブックでは，到達目標として，行動目標を設定します</u>。

2. 到達目標の**評価指標**を記入する。
   1) 到達目標がそのまま評価できる内容の場合，到達目標と同じ内容を記入する。
   2) 到達目標そのままでは評価することが難しい場合，到達目標を評価可能な指標（項目）として明記する。
      例）到達目標：ものを大切にする児童を増やす
      　　⇒評価指標：年間通して割れた食器数
   3) 学年によって評価指標が異なる場合，学年ごとの内容を明記する。
      例）到達目標：マナーを守る児童を増やす
      　　⇒評価指標：正しい姿勢で食べる児童（低学年）

到達目標の立て方のポイント

到達目標とは，何をもって食育の目標が達成したといえるかを評価の対象とする目標です。私たちは，無意識のうちに，子どもたちを見て，「この子は目標に達している」「達していない」と判断しています。何をもって食育の目標を達成したと判断するのか，という視点で考えると目標が立てやすくなります。

1) 食育の目標を児童・生徒の行動に置き換えるとどうなるかを考える。
   例）主体的に，自他の健康な食生活を実現しようとしたり，食や食文化，食料の生産等に関わる人々に対して感謝する心を育み，食事のマナーや食事を通じた人間関係形成能力を養おうとする態度を身に付けている。（食育の目標）
   ⇒ものを大切にする児童を増やす（到達目標）

   ※到達目標は，食育で目指す児童・生徒像であり，実施目標（例：食育イベントを実施する）は含まない。

2) 「〜児童を増やす」「〜生徒を減らす」のように，評価する方向性を表す文章にする。

3) 1つの到達目標は，1つの内容にする。
   例）食事のマナーを守って，残さず食べる児童を増やす
   ⇒「マナーを守る」と「残さず食べる」とに分ける

4) 食育の目標1つにつき，到達目標が複数になっても構わないが，必ず行動目標（児童・生徒の行動）を入れる。
   例）バランスよく食べる児童を増やす（行動目標）

   ※「バランスよく食べ<u>ようとする</u>児童を増やす」あるいは「バランスよく食べる<u>ことができる</u>児童を増やす」は，いずれも「学習目標」である。前者は「行動意図」，後者は「スキルの向上」を意味する。

ワークシート2 記入例

◆ワークシート1から転記 → **STEP2で記入**

食育の目標（食育で目指す児童・生徒像）	1. 到達目標（重点目標）	2. 目標の種類	3. 評価指標
（知識・理解） 食事の重要性や栄養バランス，食文化等について理解し，健康で健全な食生活に必要な技能を身に付けている。 （思考力・判断力・表現力等） 食生活や食の選択について，正しい知識・情報に基づいて考え，自ら管理したり判断したりすることができる。 （学びに向かう人間性等） 主体的に，自他の健康な食生活を実現しようとしたり，食や食文化，食料の生産等に関わる人々に対して感謝する心を育み，食事のマナーや食事を通じた人間関係形成能力を養おうとする態度を身に付けている。	A. 学校給食を残さず食べる児童を増やす B. 家庭で食事の準備・片付けをする児童を増やす C. 給食の郷土料理を食べる児童を増やす	行動目標 行動目標 行動目標	最初に盛った給食を残さず食べる児童 家庭で食事の準備・片付けをする児童 給食の郷土料理を残さず食べる児童

- 食育の目標を，児童・生徒の具体的な行動に置き換える。

- 食育の目標1つにつき複数の到達目標がある場合，優先順位の高いもの1〜2つに絞る。その際，実態把握の結果から，
  - **＊重要性の高い到達目標**
  - **＊改善可能性の高い到達目標**
  を優先させる。

- 食行動や食事状況に関する目標 ＝ 行動目標
  ➡ 詳細は，P5にある表1参照。

  〈**学習目標や環境目標が出てきてしまった場合は…**〉
  - ＊それらの目標はどのような行動目標になるかを考える。
  - ＊**STEP4**の「学習目標・環境目標の設定」で考えた学習目標・環境目標を活用する。

STEP 3 到達目標の実態把握と数値目標の設定

☞ 使用するワークシート：ワークシート2, 3
☞ 参考文献：**2** P154～156

手順　STEP 2 で決めた到達目標と評価指標をワークシート3の左列に書いた上で，実態把握の方法を具体的に整理する。さらに，実態把握を行ったら，実態把握の結果を記入し，数値目標を設定する。

1. 到達目標の**現状**を記入する。数値が望ましい。
   例）昨年度の残菜率の平均18%
   ※現状を把握していない場合，「データ無」と書く。
   さらに，到達目標を達成するために必要な指導目標（学習目標・環境目標）の現状も記入する。指導目標の設定はSTEP4で行うようになっているが，実際はSTEP3とSTEP4は同時に行う。
   ※到達目標（行動目標）を達成するためには，指導目標である「学習目標（食育によって向上（改善）する子どもたちの知識・スキル・態度の目標）」や「環境目標（子どもたちの周囲を改善する目標）」が必要です。STEP4とあわせて，学習目標と環境目標を考える。

2. 実態把握の方法を記入する。例）残菜調査，食生活調査
   ※現状を把握していない場合は，どのような方法で把握できるかを記入する。
   （例：質問紙調査，観察）

3. 評価の対象を記入する。例）児童・生徒，保護者，給食の残菜

4. 実施者を記入する。例）担任，栄養教諭・学校栄養職員

5. 具体的方法を書く。質問紙調査の場合，質問項目，観察の場合，観察と記録の方法などを書く。（P14 表3，P15「質問項目作成のポイント」を参照）

6. 実態把握を行う。

7. ワークシート3の実態把握の結果を，到達目標に対応させて記入する。
   *ポイント：選択肢の扱いは，到達目標の定義による。

   > **例）到達目標「地域の特産物・郷土料理を食べる児童を増やす」の場合**
   > ・質問項目として
   > 「今日の給食の献立○○○（郷土料理）はどのくらい食べましたか」
   > ・回答選択肢として
   > 「全部食べた」「半分よりたくさん食べた」「半分ぐらい食べた」「ほとんど残した」「食べなかった」の5件法で調査
   > ・実態把握の結果
   > 「全部食べた（70%）」「半分よりたくさん食べた（15%）」
   > 「半分ぐらい食べた（5%）」「ほとんど残した（3%）」「食べなかった（2%）」
   > ↓
   > 「食べた」を，ここでは「全部食べた」「半分よりたくさん食べた」と回答した者と定義する。
   > ↓
   > 「全部食べた（70%）」「半分よりたくさん食べた（15%）」
   > ➡ 現状「郷土料理を食べた児童（85%）」

8. 数値目標は，実態把握の結果から，実施可能性のある値を，これまでの調査結果からの推移，他地域・全国データと比較，検討して設定する。

ワークシート3 記入例

※ワークシート1，2で設定した3つの到達目標のうち，A「学校給食を残さず食べる児童を増やす」をとりあげ，この到達目標に必要な指導目標の例を示した。到達目標ごとの指導目標の設定はSTEP4で行う。STEP3とSTEP4は，実際は同時に進める。

◆ワークシート2から転記　　　　　　　　　　STEP3で記入

	目標	評価指標	1. 現状	2. 方法	3. 評価対象	4. 実施者	5. 具体的な方法（質問項目，観察・記録方法等）	実態把握の結果（または現状値）	数値目標
到達目標（重点目標）	A. 学校給食を残さず食べる児童を増やす（行動目標）	最初に盛った給食を残さず食べる児童	データ有	観察	児童	栄養教諭	最初に盛った給食を残さず食べた児童を数える（年2回実施）		
							低学年	60%	70%
							中学年	80%	90%
							高学年	80%	90%
指導目標（学習目標・環境目標）	苦手な食べ物でも食べようと思う児童を増やす（学習目標）	給食で苦手な食べ物が出たときに食べようと思う児童	データ無	食生活調査	児童	担任 栄養教諭	質問項目：「（苦手な食べ物がある児童に対して）給食で苦手な食べ物が出たときに食べようと思いますか？」		
							1. とてもそう思う	10% ⎫ 40%	70%
							2. そう思う	30% ⎭	
							3. あまり思わない	50%	
							4. まったく思わない	10%	
	栄養バランスのとれた食事の大切さがわかる児童を増やす（学習目標）	栄養バランスのとれた食事の大切さがわかる児童	データ無	食生活調査	児童	担任 栄養教諭	質問項目：「栄養バランスよく食べると，どんないいことがありますか？」（自由記述）		
							1. いいことを3項目以上あげた児童	70% ⎫ 85%	95%
							2. いいことを2項目あげた児童	15% ⎭	
							3. いいことを1項目あげた児童	10%	
							4. いいことを1項目もあげなかった児童	5%	

質問項目，方法などについてはP14 表3を参照。

表3 食に関する実態把握の内容と方法（例）

目標	項目		具体項目 例	方法（例）	実施時期
結果目標※1	生活の質		欠席日数	出席簿	定期的
			学力・体力	学力・体力テスト	定期的
	健康・栄養状態		肥満傾向・痩身傾向	身体計測	定期的
			貧血	健康診断（臨床検査）	定期的
			う歯	歯科検診	定期的
			不定愁訴，主観的健康感，排便	健康調査	定期的
行動目標	食習慣	食事状況	栄養素等摂取量（個人，集団）	食事状況等調査（食事記録調査）	不定期
			食品群別摂取量（個人，集団）		
			料理の摂取量（集団）	残菜調査	定期的
			食事摂取量（個人）	給食時自己記録	不定期
		食行動	野菜摂取，偏食，朝食欠食，間食・夜食摂取，孤食	食生活調査（児童・生徒，保護者）	不定期
			マナー，食べ方	給食時指導（観察）	定期的
学習目標	知識・スキル・態度	態度	食に関する関心，食生活の中で気をつけていること	食生活調査（児童・生徒，保護者）	不定期
		嗜好	好き嫌い	嗜好調査	不定期
		スキル	調理スキル	食生活調査（児童・生徒，保護者）	不定期
			食物選択スキル		
		知識	食に関する知識	食生活調査 教科等でのワークシート	不定期
環境目標	環境	周囲の人の支援	朝食を準備してくれる家族がいる	食生活調査（保護者）	不定期
			保護者の食育への関心		
		食物へのアクセス	学校給食の献立	学校給食献立表	定期的
		情報へのアクセス	各種たよりにおける食や健康に関する情報提供	各種たよりの記載内容	不定期
—	属性※2		性別，年齢，家族構成など		

※1 児童・生徒を対象とした食育では，到達目標がQOLや健康・栄養状態にならないことも多い。その場合，行動目標の評価を最終的な評価とし，結果評価とすることもある。
　なお，本ワークブックでは，行動目標を到達目標として考えて，まとめている。
※2 属性は，食育によって変化するものではない。目標そのものにはならないが，実態把握を行う上で，欠かせない項目である。

質問項目作成のポイント

子どもの発達段階を考慮して，作成（実施）する。

食生活に関する調査

（　）年　（　）組　（　）番　男・女　名前＿＿＿＿＿＿

1. 最初にもった給食を残さず食べますか？

いつも残さず食べる	だいたい残さず食べる	ときどき残す	よく残す

2. にがてな食べ物はありますか？

はい	いいえ

「はい」と答えた人に聞きます。

3. 給食でにがてな食べ物が出たとき食べようと思いますか？

とてもそう思う	そう思う	あまり思わない	まったく思わない

もう一度，全員に聞きます。

4. 給食を作っている人に，感謝（ありがとう）の気持ちを考えますか？

いつも考えている	ときどき考える	ほとんど考えない	まったく考えない

5. 栄養バランスよく食べると，どんないいことがありますか？
   思いつくものを3つあげてください。

   ・
   ・
   ・

6. 家で，にがてな食べ物は出ますか？

いつも出る	ときどき出る	ほとんど出ない	まったく出ない

評価指標である「最初に盛った給食を残さず食べる子ども」をこの項目で判断する場合，どの選択肢を選んだ子どもを「最初に盛った給食を残さず食べる子ども」とするか，前もって決めておく。
（例）
「『いつも～』と『だいたい～』と回答した子どもを『最初に盛った給食を残さず食べる子ども』とする」など

自由記述は，数値的な結果は出しにくいが，たとえば，このような自由記述で，よいこと（例「身長が伸びる」「健康な体になる」など）が2つあげられたら，「『栄養バランスのとれた食事の大切さがわかる児童』と判断する」と決めてから調査することで，数値で実態把握ができる。

複数の意味で捉えることができる内容にしない。
（例）
「夕食は家族で食べますか？」の質問は，「家族全員がそろった状態」を「家族」というのか，「きょうだいだけ」でも「家族」とするのか，定義が人によって異なる可能性がある。

「行動目標」は行動の質問項目にする。
（例）
「最初に盛った給食を残さず食べますか？」は「行動」をたずねているが，「給食で最初に盛った量を残さず食べることができますか？」は，「スキル」をたずねている。

回答を限定した聞き方（例「にがてな食べ物が出たときに…」）をしない。
限定する場合は，このように一度，「にがてな食べ物はありますか」といった質問をし，次に「前の質問で『はい』と答えた人に聞きます…」といった別の項目にする。

先行調査で，すでに同様の質問項目があれば，それと同じ質問文や選択肢を用いる方がよい（結果を比較することができ，学校の状況が判断できる）。
例）日本スポーツ振興センター
「児童生徒の食事状況等調査報告書」など

自由記述より，選択肢を設けて選択させる方が集計しやすく，数値目標に活用しやすい。
なお段階評価には，「**頻度**（「いつも～」など）」と，「**程度**（「とても～」など）」を回答させる2種類の選択肢がある。

STEP 4 到達目標達成のための学習目標・環境目標，実施目標の設定

☞ 使用するワークシート：ワークシート 3, 4

※学習目標・環境目標の数値目標を立てるためには，STEP3 が必要です。STEP3 と一緒に行いましょう。

手順 ワークシート 3 の数値目標をワークシート 4 左列の到達目標欄に記入し，到達目標ごとに学習目標・環境目標，実施目標を設定する。

1. ワークシート 4 で「①**到達目標**」を書き入れる。複数の到達目標がある場合，目標ごとに線を引いて，到達目標ごとに区別がつくようにする。
2. 各到達目標に向かう「②**指導目標（学習目標・環境目標）**」を設定する。
   - どの学年の指導目標であるかがはっきりしている場合，指導目標（学習目標・環境目標）に "(高学年)", "(2 年生)" など該当する学年を記入する。
   - 実態把握を行った指導目標（学習目標・環境目標）項目のうち，課題がある（＝食に関する指導を行う必要がある）と考えられる項目，学年を絞り込む。
     - 例）全国値と比較してよかった ➡ 指導の優先順位は下がる
       学年別に見たときに状況が悪い学年のみ学習目標・環境目標を設定する。
3. 各指導目標（学習目標・環境目標）について，「③**実施目標**」を設定する。「実施目標」とは，計画の実施に関する目標を指す。学習目標や環境目標を達成するための取組目標である。
   - 例）給食時間に，給食の食材について話をする（低学年全クラス月 1 回計 10 回）

指導目標（学習目標・環境目標）の立て方のポイント

指導目標となる**学習目標・環境目標**とは，**到達目標を達成するための目標**です。
学習目標には，主に，**知識**（～を理解する，知る），**スキル**（～ができる），**態度**（～しようとする，関心を持つ）の **3 つ**があります。
環境目標は，**子どもが行動を実践しやすい環境に改善する目標**を指します。

1) 学習目標・環境目標は，到達目標に向かった内容にする。
   例）到達目標「朝食を毎日食べる児童を増やす」の場合，
      学年の学習目標は，
      ✕ 野菜摂取のメリットを知る
      ○ 朝食摂取のメリットを知る

2) 通常，到達目標が行動目標の場合，それに対する目標は学習目標になる。
   例）到達目標「朝食を毎日食べる生徒を増やす」の場合，
      学年の学習目標は，
      ✕ 1 日 3 食，食べる
      ○ 簡単な朝食が調理できる（スキル）

3) 家庭・地域との連携は，児童・生徒の到達目標の達成に必要な取組であり，これは，環境目標にあたる。たとえば，
   例）到達目標「主食・主菜・副菜のそろった朝食を食べる児童を増やす」
      ↑
      環境目標「主食・主菜・副菜のそろった朝食が提供される家庭を増やす」
      　　　　　　　　　　　　（現状値 30% → 目標値 50%）
      ↑
      実施目標「簡単朝食の調理講習会を 2 回開催する」
      　　　　「月 1 回発行する食育だよりで，朝食レシピを掲載する」

ワークシート4 記入例

行動目標の例（環境目標を設定する場合）

◆ワークシート3から転記　　　　STEP4で記入

① 到達目標（重点目標）	②指導目標（学習目標・環境目標）	③実施目標
A. 学校給食を残さず食べる児童を増やす（行動目標） 指標：最初に盛った給食を残さず食べる 　低学年　現状値60％→目標値70％， 　中・高学年　現状値80％→目標値90％	【低学年】苦手な食べ物でも興味・関心を持つ児童を増やす 　（学習目標・態度）　　　※現状値50％→目標値80％ 【中学年】苦手な食べ物でも食べようと思う児童を増やす 　（学習目標・態度）　　　※現状値40％→目標値70％ 【高学年】栄養バランスのとれた食事の大切さがわかる児童を増やす 　（学習目標・知識）　　　※現状値85％→目標値95％ 児童が苦手な食べ物でも食卓に出す家庭を増やす（環境目標） 　　　　　　　　　　　　※現状値50％→目標値80％	・給食時間に，給食の食材について話をする（低学年，計10回，給食指導） ・栽培活動を実施する（中学年，5～6月，総合的な学習の時間） ・食品に含まれる栄養素と健康の関係の授業をする 　　　　　　（高学年，11～12月，家庭科，保健，給食指導） ・保護者会で，子どもの食の重要性の講話を行う（6月，全保護者対象300人） ・食育だよりを発行する（毎月，計11回）

行動目標の例（環境目標を設定しない場合）

◆ワークシート3から転記　　　　STEP4で記入

① 到達目標（重点目標）	②指導目標（学習目標・環境目標）	③実施目標
C. 給食の郷土料理を食べる児童を増やす（行動目標） 指標：給食の郷土料理を残さず食べる 　　現状値85％→目標値95％	自分の住む地域でとれた食べ物を知っている児童を増やす 　（学習目標・知識）　　　※現状値50％→目標値80％ 自分の住む地域の特産物に興味・関心を持つ児童を増やす 　（学習目標・態度）　　　※現状値40％→目標値80％ 自分の住む地域の特産物を紹介することができる児童を増やす 　（学習目標・スキル）　　※現状値40％→目標値70％	・給食に使われている地域の食材について話をする（低学年，計10回，給食指導） ・地域の農家の方をゲストティーチャーに招いて話を聞く 　　　　　　　　（中学年，5～6月，総合的な学習の時間） ・地域の特産物について調べ学習を行う 　　　　　　　　（高学年，11～12月，総合的な学習の時間）

STEP 5 各学年の指導目標の設定（食育の全体計画①の作成）

☞ 使用するワークシート：ワークシート1, 2, 4, 5
☞ 参考文献：2 P155 図2-1

手順 ワークシート5を使って各学年の指導目標，実施目標を設定する。

1. ワークシート1，2の内容を，ワークシート5の上の部分（「ワークシート5 記入例①」参照）に転記する。
2. 各到達目標に向かう**各学年の指導目標（学習目標・環境目標）**を書く（「ワークシート5 記入例②」参照）。ワークシート4（**STEP4**）で設定した学習目標・環境目標を，個々の指導目標に設定する。それを該当する学年の欄に記入する。すべての学年で，指導目標を書く必要はない。各学年の到達目標に関連する実態把握の結果から，高学年は問題がないとした場合は，高学年の指導目標は空欄にする場合もある。したがって，調査結果については学年ごとの結果も示す必要がある。
3. 到達目標（重点目標）を達成するために必要な「食育推進組織」「食に関する指導」「地場産物の活用」「家庭・地域との連携」を記入する。さらに，到達目標の達成を測る「成果指標」とこれらの活動を評価するための「活動指標」とを示す。評価基準もあわせて示すことで，共通認識を図ることができる。

ワークシート5 記入例①

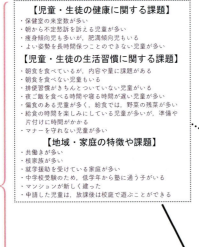

◆手順1
（ワークシート1, 2から転記）

【児童・生徒の健康に関する課題】
・保健室の来室数が多い
・朝から不定愁訴を訴える児童が多い
・痩身傾向児も多いが，肥満傾向児もいる
・よい姿勢を長時間保つことのできない児童が多い

【児童・生徒の生活習慣に関する課題】
・朝食を食べているが，内容や量に課題がある
・朝食を食べない児童もいる
・排便習慣がきちんとついていない児童がいる
・夜ご飯を食べる時間や寝る時間が遅い児童が多い
・偏食のある児童が多く，給食では，野菜の残菜が多い
・給食の時間を楽しみにしている児童が多いが，準備や片付けに時間がかかる
・マナーを守れない児童が多い

【地域・家庭の特徴や課題】
・共働きが多い
・核家族が多い
・就学援助を受けている家庭が多い
・中学受験のため，低学年から塾に通う子がいる
・マンションが新しく建った
・申請した児童は，放課後は校庭で遊ぶことができる

〈学校教育目標〉
健康で明るい子，思いやりのある子，よく考える子，最後までやりぬく子

〈目指す児童・生徒像〉
21世紀をたくましく生きる人間性豊かな児童

〈学校経営方針〉
「健康な体」
→食育の実践（好き嫌いをなくす，健康な体をつくる），「運動推進月間」の設定（体力を高める）
「豊かな心」
→人とかかわる機会の設定（感謝の心・思いやりの心）
「確かな学力」
→情報機器を活用，少人数指導やTT（ティームティーチング）

【関連法規・計画】
国の教育や食育に関する法規
・学校教育活動全体を通じて総合的に食育を推進する
・あらゆる機会とあらゆる場所を利用して，積極的に食育を推進する
都道府県の教育や食育に関する計画
①自立して未来に挑戦する態度の育成
②「生きる力」を育む教育の推進
③子どもたちの学びを支える仕組みの確立
④すべての県民が学ぶ生涯学習
市町村の教育や食育に関する計画
①健全な食生活の実践
②「農」と食の営みを支える活動の推進
③食文化の継承と創造
④食育活動の推進と連携体制の強化

〈食育の目標（食育で目指す児童・生徒像）〉
（知識・理解）
食事の重要性や栄養バランス，食文化等について理解し，健康で健全な食生活に必要な技能を身に付けている。
（思考力・判断力・表現力等）
食生活や食の選択について，正しい知識・情報に基づいて考え，自ら管理したり判断したりすることができる。
（学びに向かう人間性等）
主体的に，自他の健康な食生活を実現しようとしたり，食や食文化，食料の生産等に関わる人々に対して感謝する心を育み，食事のマナーや食事を通じた人間関係形成能力を養おうとする態度を身に付けている。

[食育の視点]
◇食事の重要性
◇心身の健康
◇食品を選択する能力
◇感謝の心
◇社会性

〈到達目標〉
A. 学校給食を残さず食べる児童を増やす
B. 家庭で食事の準備・片付けをする児童を増やす
C. 給食の郷土料理を食べる児童を増やす

ワークシート5 記入例②

【幼稚園・保育所】連携に関する方針
・食べ物に関心を持つ
・早寝，早起き，朝ごはんの習慣を身に付ける

【中学校】連携に関する方針
・食べ物の働きを理解し，自分の体に適した食品選択，食べ方ができる
・食に関する適切な情報を選択することができる

◆手順2

＜学年の指導目標（学習目標・環境目標）＞

	低学年	中学年	高学年
A	苦手な食べ物でも興味・関心を持つ	苦手な食べ物でも食べようとする	栄養のバランスのとれた食事の大切さがわかる
B	協力して給食の準備や後片付けができる	決められた時間に給食の準備や後片付けができる	家庭で食事の準備や後片付けができる
C	自分の住む地域でとれた食べ物を知る	自分の住む地域の特産物に興味・関心を持つ	自分の住む地域の特産物を紹介することができる

> 各到達目標に向けた各学年の指導目標を設定する。**STEP4**で1〜6年の学年ごとに指導目標を立てた場合は，ここは学年ごとになる。

食育推進組織（○○委員会）
委員長：○○（校長），副委員長：○○（副校長）
委員：○○（栄養教諭），○○（教務主任），○○（保健主事），○○（養護教諭），○○，○○，○○，○○，○○，○○（学年主任），○○（給食主任），○○（体育主任）

食に関する指導
①教科等における食に関する指導（別紙：全体計画②を参照）
②給食の時間における食に関する指導（別紙：全体計画②を参照）
③個別的な相談指導：随時実施。加えて，肥満・やせ傾向については，健康診断後，食物アレルギーについては，入学時および新年度に，個別相談の時間を設ける

地場産物の活用（別紙：全体計画②を参照）
物資選定委員会：年○回，構成委員（○○，○○）

家庭・地域との連携
給食試食会，講演会の実施（別紙：全体計画②を参照），食育だよりの発行（各月）

食育推進の評価
成果指標：
1. 学校給食を残さず食べる児童を増やす（評価指標：最初に盛った給食を残さず食べる）
   低学年　現状値60% → 目標値70%　中・高学年　現状値80% → 目標値90%
2. 給食の郷土料理を食べる児童を増やす（評価指標：給食の郷土料理を残さず食べる）
   現状値85% → 目標値95%

活動指標：
1. 計画どおり，栄養教諭が授業参画できたか
2. 学級担任による給食の時間の食に関する指導が計画どおり実施できたか
3. 個別的な指導の必要な児童全員に指導ができたか
4. 計画どおり，家庭に対する取組（講演会等）が行えたか

評価基準：A：目標達成，B：改善傾向（現状値より3%以上変化の場合），C：現状維持（現状値より3%未満の変化の場合変化なし），D：悪化（目標値とは逆の方向に変化した場合）

◆手順3

STEP5で記入

STEP6 全体計画②の作成

> 使用するワークシート：ワークシート4, 5, 6
> 参考文献：2 P156 図2-2

手順 ワークシート5で設定した各学年の指導目標と、ワークシート4で設定した実施目標にそって、ワークシート6を使って全体計画②を立てる。

1. 学習指導要領の内容を踏まえ、各校で作成される年間指導計画の中から食に関わる単元（題材）などを抽出する。

2. 教科等や単元の目標と、ワークシート4で設定した実施目標を照らし合せ、「どの単元（題材）」と「どのように」関連を持つか、整合性を確認しながら整理する。

3. なお、不十分な内容については、給食の時間（カリキュラム上は「特別活動」中の「学級活動」に位置付く）などを用い、学習する内容も明確にした上で指導を組み込む。

● Memo

ワークシート6 記入例 ※小学校5年生関連のみ

<A><B><C>はP11の各到達目標

STEP6で記入

		4月	5月	6月	7月	8月	9月	10月	11月	12月	1月	2月	3月
学校行事等		入学式・離任式	家庭訪問・健康診断		授業参観・プール開き	夏休み	運動会	就学時健康診断	避難訓練			授業参観	卒業式
推進体制	進行管理												
	計画策定												
	社会	さまざまな土地のくらし【5年】<C>	米作りのさかんな地域【5年】<A・C>	水産業のさかんな地域【5年】<A・C>	これからの食料生産【5年】<A・C>				和の文化を受け継ぐ 和菓子をさぐる【5年】<C>				
	理科		種子の発芽と成長【5年】<A>	魚のたんじょう【5年】<A>								人のたんじょう【5年】<A>	
	生活												
	家庭		はじめてみようクッキング【5年】<A・B>		やってみよう家庭の仕事【5年】<A・B>				食べて元気に【5年】<A>		じょうずに使おうお金やもの【5年】<C>		家族とほっとタイム【5年】<B・C>
	体育科(保健領域)						けがの防止【5年】<B>						
	他教科等			動物の体と気候【5国】<A>					ならした大きさで表そう【5算】<A>	わり算【5算】<A>			
	道徳	節度,節制(基本的な生活習慣)【5年】<A・B>					勤労,公共の精神【5年】<B>		感謝【5年】<A・B>			伝統と文化の尊重,郷土愛【5年】<C>	
	総合的な学習の時間	和食のよさってなんだろう<A・C>	←――――――――――― 和食のよさを見直そう【5年】<A・C> ―――――――――――→		豆パワーで元気になろう<A>		野菜パワーで健康になろう<A>		行事食、郷土料理を調べよう<A・C>			和食のよさをまとめよう<A・C>	
特別活動	学級活動・食育教材活用		朝食の大切さ【5年】<A>	食事と健康【5年】<A>						楽しい食事【5年】<B>			
	児童会活動									学校給食週間の取組			
	学校行事	新入生を迎える会		交通安全教室・修学旅行			合唱コンクール 読書週間	マラソン大会		2分の1成人式 給食全校集会			六年生を送る会
給食の時間	給食指導	安全に食事の準備をしよう<B>	時間を守って準備をしよう<A>	よく噛んで食事をしよう<A>	身じたく、手洗いをきちんとしよう<B>		正しい姿勢で食事をしよう<B>	片付けをきちんとしよう<B>	感謝の心で食事をしよう<A>	残さず食べよう<A>	ふさわしい話題で食事をしよう<B>	時間を守って食事をしよう<B>	係や当番の仕事がよくできたかふり返ろう<B>
	食に関する指導	食べ物の働き<A>	食事のマナー<A>	よく噛むことの大切さ<A・B>	衛生に注意<A>		運動と食事<A> ←――― 郷土料理 ―――→	野菜の役割<A・C>	給食ができるまで<A・C>	バランスのよい食べ方<A>	行事食<A・C>	日本型食生活<A・C>	望ましい食生活<A・B・C>
学校給食の関連事項	月目標(食育だより)	学校給食のガイダンス	朝食の大切さ	食事と健康	夏休みの食生活	運動と食事	野菜の大切さ	地産地消	バランスのよい食事 手洗い	かぜの予防	日本型食生活	食生活をふりかえろう	
	食文化の伝承		八十八夜	麦秋・夏越し	半夏生・七夕・土用	十五夜・野菜の日(8)	十三夜・ハロウィーン	とうかんや・えびす講	冬至・クリスマス	正月・七草・鏡開き・小正月	節分・事始め・初午	桃の節句	
	行事食		端午の節句	食育月間・歯と口の健康週間・かみかみ献立		月31日)・防災の日・リサイクル月間		勤労感謝の日・和食の日	全国学校給食週間				
	その他	進級・入学お祝い献立			リクエスト給食	敬老の日・ふれあい給食	屋外給食	招待給食	リザーブ給食	リクエスト給食	バイキング給食	卒業お祝い給食	
	旬の食材	さわら・菜の花・ほうれんそう・いちご	かつお・たけのこ・アスパラガス・さやえんどう	山菜・じゃがいも・いんげん・さくらんぼ	あじ・枝豆・おくら・なす・きゅうり・かぼちゃ	さんま・さといも・ごぼう・なし・ぶどう	さば・りんご・やまいも・大根・くり・れんこん	さけ・ごぼう・長ねぎ・きのこ・さつまいも	ほたて・ぶり・小松菜・長ねぎ・みかん	ほたて・ぶり・小松菜・ほうれんそう	いわし・まぐろ・キャベツ・白菜・大根・うど	あさり・さわら・ブロッコリー・水菜・いちご	
	地場産物	米・長ねぎ・きのこ・いちご	米・長ねぎ・葉たまねぎ・きのこ	米・長ねぎ・たまねぎ・じゃがいも・大根	米・じゃがいも・ほうれんそう・きゅうり・トマト	米・なす・きゅうり・トマト・きのこ・ぶどう	米・きのこ・ほうれん草・小松菜・りんご	米・大根・さつまいも・ほうれんそう・白菜	米・長ねぎ・大根・さつまいも・ヤーコン	米・長ねぎ・大根・さといも・白菜・りんご	米・長ねぎ・大根・小松菜・白菜・りんご	米・長ねぎ・ブロッコリー・大根・白菜・水菜	
個別的な相談活動													
家庭・地域との連携			給食試食会	食の重要性の講演会	親子料理教室		ふれあい給食	学校保健委員会	招待給食			学校保健委員会	食生活調査

> コラム

実施（DO）中の評価（CHECK）について

計画（PLAN）した内容を踏まえ，1回1回の授業が予定通り実施（DO）できているかを調べることは，プログラムの改善・見直しになるため，重要な評価です。次のような手順で行います。

1. 指導者が各授業をふり返る。
   ・授業者が，自身の授業の実施状況や教材の適切さについてふり返る。
   ・授業者が，児童・生徒の授業中の取組状況の観察，発言，ワークシートの記述内容から，児童・生徒の反応をふり返る。

   ＜ふり返りのポイント＞
   ・授業の実施状況（例：「授業がうまくできたと思うか」「ほぼ指導案通りに実施できたか」「予定された時間内で実施できたか」など）
   ・教材の適正さ（例：「教材は今日の授業の学習内容に適したものだったか」「教材は見やすかったか」など）
   ・子どもの反応（例：「子どもたちは意欲的に学習に取り組んでいたか」「学習内容を子どもたちは理解できたか」など）

2. 改善すべき点があり，すぐに取り組めるような場合（同一内容を他クラスで実施する場合など），それを改善した上で，次の授業を実施する。

   例）予定された時間内で終了できず，もう一度他クラスで実施する場合
   ➡授業の流れを一部修正し，朝の会でワークシートをあらかじめ配付して，児童・生徒の朝食内容の記入を授業時間内ではなく，授業前に済ませておく。

☞ 使用するワークシート：ワークシート4, 7

STEP 7 実施目標の評価（CHECK）と評価に基づく改善（ACT）

手順 ワークシート7を使い，実施目標や食育の実施状況に関する指導者側の評価を行う。その結果を整理し，次年度に向けての改善点を検討する。

1. 実施目標に対する評価

ワークシート4で設定した「①実施目標」を達成したかを評価する。「②評価結果」を踏まえて，「③次年度に向けての課題および改善策」を検討する。

2. 食育の実施状況に対する評価

実施目標以外の内容について，指導者に指導そのものに対する意見・感想をたずねたり，他の指導者による観察で，年間を通しての食育の指導の内容を評価する。
「④評価結果」を踏まえて，「⑤次年度に向けた課題および対策」を検討する。

ワークシート7 記入例

1. 実施目標に対する評価

◆ワークシート4から転記　　　　　　　　　STEP7で記入

①実施目標	②評価結果	③次年度に向けた課題および対策
・食品に含まれる栄養素と健康の関係の授業をする（高学年，11～12月，家庭科，保健，給食指導）	・予定通り実施することができた	・継続して実施する
・保護者会で，子どもの食の重要性の講話を行う（6月，全保護者対象300人）	・講話は行ったが，参加者数は250人だった	・学校だよりだけではなく，学年だよりでも講話への参加を促す
・食育だよりを発行する（毎月，計11回）	・食育だよりを毎月発行できた	・繁忙期は，準備の時間が短く，内容が少なくなってしまったので，計画的に準備や情報収集を進める

2. 食育の実施状況に対する評価

STEP7で記入

④評価結果	⑤次年度に向けた課題および対策
・学校内の教職員が，協力して指導に当たった	・次年度も継続する。新年度から着任する教員に今年度の取組について説明する機会を作る
・ティームティーチングで実施した授業で，授業中の指導者同士の連携"がスムーズにいかないときがあった（総合的な学習の時間）	・事前打ち合わせの時間を十分にとる
・授業時間内に終わらない授業があった（家庭科，学級活動）	・学習指導案の修正を検討する
・使わない教材があった（保健）	・教材を見直し，「必ず使う教材」と「時間的に余裕があれば使う教材」にあらかじめ分類しておく

STEP 8 到達目標と指導目標の評価（CHECK）と評価に基づく改善（ACT）

☞ 使用するワークシート：ワークシート3, 8

手順 ワークシート8を使って学校全体の到達目標に関する児童・生徒の変化を評価し，その結果を踏まえて次年度に向けての改善点を検討する。

1. **STEP3**と同様の方法で質問紙調査や観察などを行う。ワークシート8の「**①年度末評価**」に数値を記入する。

2. 現状値，目標値，年度末評価の値を比べ，到達目標が達成できたかを確認し，「**②最終評価**」欄に記入する。

   ※到達目標の評価実施時期は，学校の実態や関係者の考え方によって検討する。
   （計画段階で，いつ最終評価を行うか決めておく）
   例）2月頃に評価し，3月に学校内で評価結果を共有する。

3. 最終評価を踏まえ，今年度の課題がどのような点にあったか（とくに目標を達成できなかった項目について），またその課題を解決するために，次年度に向けてどのような改善策が考えられるかを検討する。
   最終評価は，目標の達成に応じて，ＡＢＣＤ，あるいは◎○△×で評価する。

● Memo

ワークシート8 記入例

1. 目標に対する年度末評価結果

◆ワークシート3から転記　　　　　　　　　　　　　　　　　STEP8で記入

	目標（目標の種類）	評価指標	具体的項目	対象学年	現状値	目標値	①年度末評価	②最終評価
到達目標（重点目標）	A. 学校給食を残さず食べる児童を増やす（行動目標）	最初に盛った給食を残さず食べる児童		低学年	60%	70%	75%	A
				中学年	80%	90%	88%	B
				高学年	80%	90%	75%	D
指導目標（学習目標・環境目標）	苦手な食べ物でも食べようと思う児童を増やす（学習目標）	給食で苦手な食べ物が出たときに食べようと思う児童	1. とてもそう思う	中学年	40%	70%	70%	A
			2. そう思う					
	栄養バランスのとれた食事の大切さがわかる児童を増やす（学習目標）	栄養バランスのとれた食事の大切さがわかる児童	1.「いいこと」を3項目あげた児童	高学年	85%	95%	85%	C
			2.「いいこと」を2項目あげた児童					
	子どもが苦手な食べ物でも食卓に出す家庭を増やす（環境目標）	子どもが苦手な食べ物でも食卓に出す保護者	1. よく出す	全学年	50%	80%	70%	B
			2. ときどき出す					

A：目標を達成した，B：目標は達成しなかったが改善された，C：現状維持（変化なし），D：悪化した（目標値とは逆の方向に変化した）

2. 次年度に向けての課題，および対策

到達目標A「学校給食を残さず食べる児童を増やす」は，高学年のとくに女子において達成度が低かった。
やせ志向により給食を残す女子児童がいたことから，ボディイメージに関する指導内容を保健に組み込んでいく。

STEP 9 総合的評価（CHECK）と改善（ACT），食育実践の内容と評価の発信

☞ 使用するワークシート：ワークシート1～8

手順 STEP1～8を総合的にふり返り，1年間の評価をとりまとめて，次年度に向けての課題を整理する。

1. 次年度に向けての課題を整理する。主に「目標の設定」「指導者の実施状況」「指導の内容について」などの観点からである。次年度に向けての課題は，学校内の教職員と共有し，改善に向けて具体的な取組につなげる。

   <課題整理の例>
   ・目標の設定について
   　ワークシート3，8より，到達目標の数値目標が実態から離れすぎている項目があったため，次年度は実現可能な数値目標を検討する。

   ・実施状況について
   　ワークシート7より，教材を一部見直す。複数の指導者が授業を実施する場合は事前打ち合わせを確実に行うようにする。

   ・指導内容について
   　ワークシート8より，到達目標A「学校給食を残さず食べる児童を増やす」は，高学年の，とくに女子において達成度が低かった。やせ志向により，給食を残す女子児童がいたことから，ボディイメージに関する指導内容を保健に組み込んでいく。

2. 1年間の評価を，学内教職員，保護者，地域の関係組織へ発信する。

   【評価のまとめ】（例）
   〔ワークシート8より，到達目標と指導目標の評価をまとめる〕
   ・「給食で苦手な食べ物が出たときに『食べよう』と思う児童」が，全学年で40％から70％に増加した。「子どもが苦手な食べ物でも食卓に出す保護者」が50％から70％に増え，改善が見られた。

   〔ワークシート7より，実施目標の評価をまとめる〕
   ・食品に含まれる栄養素と健康の関係の授業や指導は，予定通り実施することができた。
   ・保護者会で子どもの食の重要性の講話を行ったが，周知が十分でなく，参加者が目標数の300人に届かなかった。
   ・食育だよりを毎月発行できた。

   【情報共有や発信】（例）
   〔教員に向けて〕
   ・年度末の職員会議で報告する。
   ・学内の研究紀要にまとめる。

   〔保護者に向けて〕
   ・食育（給食）だより，学校だより，学年だよりに評価をグラフで掲載する。

   〔保護者，学校医，学校薬剤師，教員に向けて〕
   ・学校保健委員会で報告する。

   〔地域に向けて〕
   ・地域の学校保健委員会で所属校や地域全体の状況を報告する。
   ・地域のお祭り（公民館祭）などで，食育の事例として実践内容と評価を報告する。

Ⅲ．さらに勉強したい方のために

このワークブックでは，できる限りわかりやすくするため，最低限の情報に限って解説しました。
さらに勉強したい方には，以下の文献・参考図書をおすすめします。

●日本健康教育学会栄養教育研究会が執筆した論文（本文の参考文献）

■ 1「望ましい食習慣の形成を目指した学校における食育の評価」
赤松 利恵, 稲山 貴代, 衛藤 久美, 神戸 美恵子, 岸田 恵津
日本健康教育学会誌, 2015；23（2）：145-151.

■ 2「望ましい食習慣の形成を評価する学校における食育の進め方」
赤松 利恵, 稲山 貴代, 衛藤 久美, 神戸 美恵子, 岸田 恵津
日本健康教育学会誌, 2015；23（2）：152-161.

いずれも，J-stage (https://www.jstage.jst.go.jp) からPDFファイルがダウンロードできます。

●栄養教育に関するテキスト

■『栄養教育論』（管理栄養士国家試験出題基準（ガイドライン）準拠）
現在，複数の出版社から発行されている『栄養教育論』の中に，必ず栄養教育の内容が記載されています。なるべく最新の発行年で，自分に合ったものを選んで参考にしてください。

■『これからの栄養教育論－研究・理論・実践の環－』
イソベル R コンテント 著　足立己幸, 衛藤久美, 佐藤都喜子 監訳
第一出版, 2015

栄養教育の理論化をリードしてきたアメリカ，コロンビア大学の栄養教育学者・イソベル R コンテント (Isobel R. Contento) 教授による『Nutrition Education -Linking Reserch,Theory,and Practice-』（初版）をコンパクトにして翻訳したもの。栄養教育のバイブルといえる一冊です。

●プリシード・プロシードモデルに関する図書

■『実践 ヘルスプロモーション PRECEDE-PROCEED モデルによる企画と評価』
ローレンス W グリーン, マーシャル W クロイター 著　神馬征峰 訳
医学書院, 2005

「プリシード・プロシードモデル」は，ヘルスプロモーションの計画・実施・評価の過程を示したモデルです。1980年代に開発され，今では，欧米にとどまらず，国内の公衆衛生活動に数多く活用されています。プリシード (PRECEDE) とは, Predisposing, Reinforcing and Enabling Constructs in Educational/Ecological Diagnosis and Evaluation（教育 / エコロジカル・アセスメントと評価のための前提・強化・実現要因）の略であり，アセスメントの段階を表しています．一方，プロシード (PROCEED) は, Policy, Regulatory, and Organizational Constructs in Educational and Environmental Development（教育・環境開発における政策的, 法規的, 組織的要因）の略であり，評価の段階を示しています。

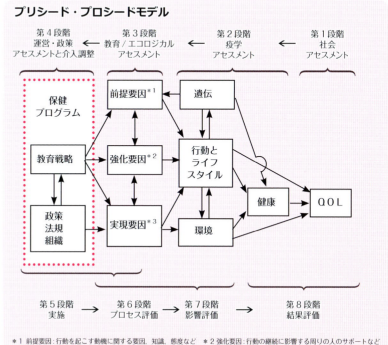

プリシード・プロシードモデル

*1 前提要因：行動を起こす動機に関する要因，知識，態度など　*2 強化要因：行動の継続に影響する周りの人のサポートなど
*3 実現要因：行動の実現に関する法律や制度，個人の収入など

ワークシート一覧

※ワークシートのデータ（.docx / .xlsx）は日本健康教育学会 栄養教育研究会ホームページからダウンロードできます。
(http://nkkg.eiyo.ac.jp/cn49/eiyo.html)

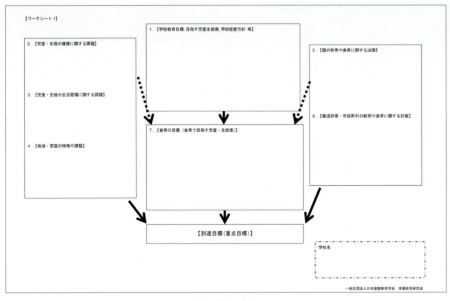

ワークシート1

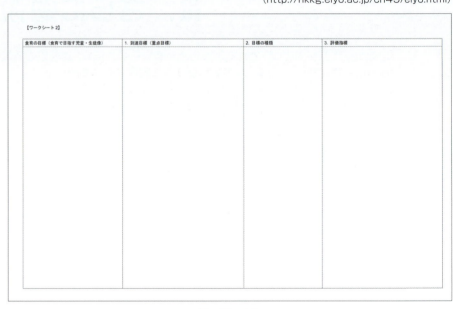

ワークシート2

ワークシート3

ワークシート4

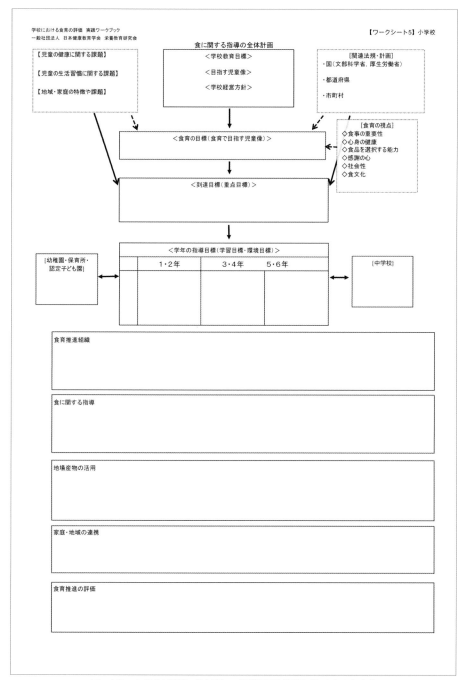

ワークシート5（小学校・低中高）　＊指導目標が学年ごとのものもあり

ワークシート5（中学校）

29

ワークシート6（小学校）

ワークシート6（中学校）

ワークシート7

ワークシート8

一般社団法人 日本健康教育学会
JAPANESE SOCIETY OF HEALTH EDUCATION AND PROMOTION

▷ **学会の目的**
健康教育・ヘルスプロモーションの充実・推進およびその普及を図ること

▷ **設立**
平成 3 年（1991年）6月29日
平成 26 年（2014年）7月1日一般社団法人に移行

▷ **学会員の構成**
地域保健・学校保健・産業保健の各分野で研究と実践に携わる専門職

▷ **会員数**（平成29年3月1日現在）
正会員 1,030 名，　学生会員 91 名，　名誉会員 7 名
賛助会員　9 社 (10 口)，　図書館 42 館

■ **会員の特典** ■

1．年次学術大会に演題申込できます．
2．筆頭著者，責任著者として，学会誌に論文投稿できます．掲載された論文は J-STAGE で無料公開されます．
3．学会が主催するセミナーへ，会員価格で参加できます．
4．最新の学会情報を盛り込んだ，学会員向けのメールマガジンが配信されます．

■ **入会のご案内** ■
当学会に入会を希望される場合

❶ 正会員の紹介を得て，ホームページの入会フォームよりお申込みいただくか，入会申込用紙（ホームページより入手可）に必要事項をご記入の上，郵送または FAX にて事務局までお送りください．

❷ 同時に年会費を下記口座にお振込みください．

　正会員　入会金 2,000 円　年会費 7,000 円
　学生会員　入会金 無料　　年会費 3,000 円

ここに来れば最新の情報が得られる
ここに来れば，多彩な専門分野の人と出会える
そして，新たな創造を経験できる！

- 学術大会の開催
- 研究会活動
- 学会主催セミナー（年1回）
- 学会誌の発行（年4回）

【一般社団法人 日本健康教育学会事務局】
〒350-0288 埼玉県坂戸市千代田 3-9-21
女子栄養大学食生態学研究室内
電話：049-283-2310　FAX：049-282-3721
E-mail: nkkg@eiyo.ac.jp
http://nkkg.eiyo.ac.jp/index.html

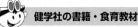

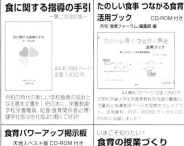

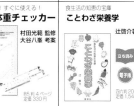

株式会社 健学社　〒102-0071 東京都千代田区富士見 1-5-8 大新京ビル　TEL 03-3222-0557　FAX 03-3262-2615　振替 00110-1-12622
www.kengaku.com

編　者：一般社団法人 日本健康教育学会 栄養教育研究会

健康・栄養教育をめぐる理論と実践の両面から学習し，理論と実践のキャッチボールの中でより高い理論化を目指したいという想いを抱く者が集まり，平成5（1993）年に栄養教育研究会は発足しました。それ以降，年1回の公開学習会と，年数回の研究会活動を継続的に行っています。

執筆者：栄養教育研究会委員（2017年3月現在，五十音順）

赤松利恵，稲山貴代，衞藤久美，神戸美恵子，岸田恵津，中西明美，武見ゆかり（オブザーバー）

事務局
〒350-0288 埼玉県坂戸市千代田3-9-21
女子栄養大学食生態学研究室内
電話：049-283-2310　FAX：049-282-3721
E-mail:nkkg@eiyo.ac.jp　http://nkkg.eiyo.ac.jp/

学校における食育の評価
実践ワークブック
― 評価を考えた 食育計画の作成 ―

2017年3月25日　初版発行
2022年4月25日　第2版発行

編　者	一般社団法人 日本健康教育学会 栄養教育研究会
発行者	細井裕美
発行所	株式会社 健学社

〒102-0071 東京都千代田区富士見1-5-8 大新京ビル
TEL (03) 3222-0557　FAX (03) 3262-2615
URL:http//www.kengaku.com

2022 Printed in Japan

©Japanese Society of Health Education and Promotion

落丁本，乱丁本は小社にてお取り替えいたします。

ISBN:978-4-7797-0426-0　C3037　NDC 376　32p 210×297mm